L'AURORE,

NOUVEAU JEU FRANÇAIS;

Dédié à ceux qui jouent plus pour s'amuser & gagner l'estime des Gens de bien, que par tout autre motif.

Par M. C*****.

A LONDRES,

Aux dépens de la Compagnie.

M. DCC. LXXIII.

AU LECTEUR.

S'il est vrai, comme beaucoup le prétendent, qu'il n'est presque pas de Jeu qui n'ait ses ruses & ses feintes, & qu'une partie des Joueurs les étudient plus attentivement que les loix de l'honneur, pour mieux duper celle qui ne joue que pour se délasser l'esprit ; Aurore, foible Aurore, tu ne feras pas fortune, en te faisant imprimer ; car si les ruses, les feintes & les friponneries, ne peuvent avoir d'empire sur toi, qu'il est à craindre que ceux qui fondent leur cuisine sur ces sciences que l'on dit être si communes,

(4)

ne te faſſent rentrer dans le cahos d'où tu vient de ſortir, & que ton plus bel attribut à la ſortie de la preſſe, ſoit de paſſer des mains de l'Imprimeur, dans celles de l'Épicier ou de la Beurrière. Mais réfléchiſſant qu'il y a des Curieux & des Amateurs dans tous les états, juſques dans ceux mêmes qui achetent le beurre & le fromage au quarteron, il pourra s'en trouver qui, après avoir lu l'enveloppe de leur dîner, ſoient aſſez curieux pour en deſirer la ſuite, dans l'eſ-poir que le tout feroit plaiſir à un Hôte, ou à un bienfaiteur, qui eſt honnête homme, qui aime à faire ſa partie après ſon travail, mais qui en eſt ſouvent la dupe, parce qu'il ne ſe doute pas que ceux mêmes qui se piquent d'être les plus honnêtes gens, ne se font pas le moindre scrupule de friponner au Jeu. Poursuis donc ton *Aurore* jusqu'au midi en faveur des Simples, puisqu'ils sont en plus grand nombre ; poursuis-la même pour ces hommes d'esprit, qui voudroient que le Soleil ne fut qu'une *Aurore* pour la multitude, puisque tu leur donneras le plaisir de jouer ton Jeu, non avec des cartes, ce qui ne fera pas rire le Cartier ni sa Femme, ni plus d'un Créancier, mais avec leurs langues qui s'excrimeront à la Grecque, ou à la Monte-au-Ciel, de dépi de ce que ce Jeu n'est pas celui qui leur convient.

Malgré ces excrimes de langues,

l'*Aurore* pourra paroître agréable à tous les Gens de bien, puisqu'outre qu'il est véritablement Jeu dans toute la signification du terme, il a pour attribut la probité naturelle ou forcée, l'inapplication, l'impossibilité qu'il y a de pouvoir tromper personne, & celui de pouvoir intimider le Joueur le plus téméraire.

L'AURORE,

NOUVEAU

JEU FRANÇAIS.

CE JEU est combiné de sorte qu'il peut contribuer aux amusemens des grandes, moyennes ou petites Compagnies ; car, il peut être joué également depuis six Personnes jusqu'à vingt : mais plus on approche de ce dernier nombre, plus ce Jeu devient agréable par la multitude de ses variations. Comme les Régles d'un nombre suffisent pour faire connoître toutes les autres, nous nous bornerons à expliquer le nombre de *quinze*, après l'observation suivante.

OBSERVATION.

L'AURORE exige de trois choses l'une, ou qu'un des Ponteurs tienne la main pendant toute une partie, qui sera de cinq tours; ou que chaque Ponteur la tienne à chaque tour à son rang; ou enfin suivant le rang de ceux qui perdroient le plus, & qui croiroient pouvoir regagner plus vîte.

Mais comme ceci ne fait point le fond du Jeu, & que chacun réglera la tenue de la main d'une des trois manières qu'il lui plaira; pour être plus méthodique & plus laconique, nous employerons le mot BANQUIER pour signifier tenir la main, comme étant plus analogue aux autres termes de ce Jeu : Que l'on ne s'appésantisse donc point à la lecture de ce mot *Banquier*, puisque ce Jeu qui est entièrement de combinaison, n'en veut point d'autres que ses propres Ponteurs, pour le maintenir dans ses justes proportions.

RÉGLES DU NOMBRE XV,

Et ce que pratiqueront les Joueurs ou Ponteurs.

1°. Quinze Ponteurs étant assis autour d'une table, mettront seulement devant eux ce qu'ils veulent perdre ou gagner sur chaque coup.

2°. Pour éviter les erreurs de compte, & le plus léger sujet de contestation sur les Mises & les Payemens, il y aura sur la table de jeu, une tablette d'Ivoire avec son crayon, sur laquelle seront gravés les dix-neuf premiers nombres, où chaque Ponteur écrira sa mise, en commençant au nombre 1, pour le premier Ponteur qui sera à la droite du Banquier ; au nombre 2 pour le deuxième, & ainsi de suite jusqu'au dernier.

A v

※※※※※※※※※※※※※※※※※※※※

FORME DE LA TABLETTE
jusqu'à son dernier nombre;

Et supposition des Mises des quinze Ponteurs.

NOMBRE DES MISES.

1	6 liv.
2	12
3	9
4	15
5	18
6	24
7	12
8	6
9	3
10	6
11	12
12	24
13	18
14	6
15	12
16	
17	
18	
19	
TOTAL	183.

3°. Toutes les Mises étant sur le Jeu & écrites sur la tablette, un des Ponteurs en fera l'addition, qu'il écrira après le mot total, qu'il mettra ensuite devant le Banquier, pour qu'il connoisse la totalité du Jeu, ce qu'il devra payer à chaque Ponteur, ou ce qu'il devra en recevoir.

Du Banquier.

4°. Pendant que les Ponteurs s'amuseront à régler leurs Mises, le Banquier mêlera un jeu de cartes entières, qu'il laissera mêler, si on le desire; & qu'il donnera à couper à la personne de la Compagnie qu'il lui plaira. Cette préparation finie, il donnera une carte à découvert à chaque Ponteur; ensuite il en mettra trois pareillement à découvert au milieu de la table, que l'on nommera *Cartes de Banque*, & il posera le reste du jeu à côté de celles-ci, pour y avoir recours au besoin.

Observations

Sur le sort particulier de plusieurs Cartes.

Les As, les Rois, les Dames, les Valets, le Roi de Cœur & le Valet de Pique, auront chacun un sort particulier, qui doit fixer l'attention des Ponteurs, avant que de vuider leurs bourses pour mettre au jeu, afin d'éviter les petites mortifications que leur causeroit la visite de quelques Dames, qui pourroient malicieusement faire connoître à la Compagnie, que ceux à qui on les donne, desireroient bien leur faire la cour, mais qu'ils ne peuvent même les recevoir.

Avantage & désavantage de plusieurs Cartes. Ce que le Banquier pratiquera en les donnant, & ce que pratiqueront les Ponteurs en les recevant.

Avantage des As.

A chaque As, le Banquier donnera

au Ponteur, auquel l'As arrivera, la somme qui fera devant lui. Si le Ponteur a mis deux louis, le Banquier en lui délivrant l'As lui donnera deux louis; mais le Ponteur sera obligé de les joindre à sa mise, ce qui fera quatre louis.

A l'appelle des cartes, si l'As du Ponteur ne sort pas, il donnera ses quatre louis au Banquier; mais si elle sort, le Banquier payera quatre louis au Ponteur, ce qui fera six louis que le Ponteur gagnera sur ce coup.

DÉSAVANTAGE DES DAMES.

A chaque Dame, chaque Ponteur auquel elle arrivera, triplera la mise qu'il aura devant lui, pour la mieux recevoir. S'il a mis deux louis, il en ajoutera quatre, ce qui fera six louis en tout.

A l'appelle des Cartes, si la Dame du Ponteur ne sort pas, il donnera ses six louis au Banquier; mais si elle sort, le Banquier ne lui payera que les deux louis de sa première mise.

Avantage des Rois.

A chaque Roi, le Banquier payera sur le champ la Mise du Ponteur auquel il arrivera, & le Ponteur sera hors du jeu ; mais il pourra, avec le consentement du Banquier (qui pourra refuser) continuer sa première mise, pour courir les risques du Jeu.

Desavantage des Valets.

A chaque Valet, le Ponteur auquel il arrivera, remettra sur le champ sa mise au Banquier, mais il sera le maître de recommencer sa première mise, que le Banquier sera forcé de tenir.

Avantage du Roi de Cœur, & désavantage du Valet de Pique.

Le Roi de Cœur se payera double par le Banquier, & le Valet de Pique se payera double par le Ponteur, en observant dans l'un & l'autre cas ce qui est dit aux articles des Rois & des Valets, qui disent que le Banquier pourra refuser le Ponteur, à qui il payera un Roi, de rentrer au Jeu; mais qu'il ne pourra refuser celui qui lui payera un Valet.

5°. Tout ce que l'on vient de dire étant bien suivi, le Banquier mêlera un second jeu de cartes entières, qu'il donnera à mêler si on le desire, & qu'il fera couper par la personne de la Compagnie qu'il lui plaira.

Cette seconde préparation étant faite de sorte que l'on ne puisse rien dire au Banquier sur le dérangement des cartes; il ôtera les trois premières qu'il mettra à découvert sur la table, que l'on nommera *Cartes de Banque*. C'est-à-dire que si dans ses trois cartes, il s'en trouvoit une qui fut pareille en nombre, en couleur & en figure, à une des trois de *Banque*, il faudroit que le Banquier payât sur le champ toutes les mises des Ponteurs. On nommera ce coup DÉBANQUER.

6°. Si aucune des cartes de Débanque ne reſſembloit de la manière qu'il eſt dit, à aucune Débanque, le Banquier laiſſeroit celles de débanque à découvert ſur la table, pour en faire l'uſage qu'il eſt dit, article 9.

7°. Le Banquier ôtera enſuite du jeu les ſeize premières cartes qui ſuivent celles de débanque, qu'il mettra pareillement à découvert ſur la table, pour en faire l'uſage qu'il eſt dit article 9. On nommera celles-ci *Cartes de Société*.

8°. Enfin, le Banquier ôtera encore du jeu les trois premières cartes qui ſuivent celles de Société, qu'il mettra auſſi à découvert ſur la table, & que l'on nommera les *Gardes de la Banque*; c'eſt-à-dire que ſi dans ſes trois cartes il s'en trouvoit une qui reſſemblât de tout point à une des trois débanque; tous les Ponteurs remettroient leurs miſes au Banquier, & on nommeroit ce coup *BANQUER*. Mais ſi aucune des

Gardes de Banque ne reſſembloit à aucune des cartes de banque, le Banquier laiſſeroit auſſi ces trois cartes à découvert ſur la table, pour en faire l'uſage qu'il eſt dit, article 9 ; enſuite il poſeroit le reſte du jeu ſur table, qu'il marqueroit avec une fiche ou un jeton, pour le diſtinguer du premier.

9°. Le Banquier ajoutera les trois cartes de Banque aux ſeize de Société, & celles-ci aux trois Gardes de Banque, ce qui formera *vingt-deux* cartes, que l'on nommera CARTES DE GAIN & DE PERTE.

10°. Le Banquier nommera & montrera ces vingt-deux cartes les unes après les autres, & à meſure qu'il s'en rencontrera de ſemblables à celles du premier jeu qui ſeront devant les Ponteurs, ceux-ci ſe feront payer leurs Miſes par le Banquier.

RÉJOUISSANCE.

11°. Après avoir tiré les vingt-deux

cartes de gain & de perte, & payé tous les Gagnans, on donnera la réjouiſſance aux Perdans, par l'eſpoir qu'ils auront de pouvoir rencontrer *dix-neuf* de point, en comptant ceux de leurs Cartes du premier Jeu.

Comme ſuivant les combinaiſons dé de ce Jeu, le plus grand nombre des Ponteurs ne doit pas excéder dix-neuf; nous avons choiſi ce dernier nombre pour donner un nouvel eſpoir aux Perdans de gagner leurs miſes.

Pour y parvenir, chaque Ponteur demandera, à ſon rang au Banquier, des cartes du talon du dernier jeu, que celui-ci donnera à découvert, juſqu'à ce que l'on puiſſe rencontrer le nombre dix-neuf juſte, ou que l'on créve. Tous les Ponteurs qui rencontreront ce nombre, ſe feront payer leur miſe par le Banquier, & tous ceux qui ne le rencontreront pas lui remettront leur miſe.

Pour rencontrer plus facilement dix-neuf, on comptera les As pour onze ou pour un.

Tenue de la Main, ou de la Banque.

Une Partie fera de cinq Tours, c'eſt-à-dire que celui ou ceux qui tiendront la main, donneront cinq fois des cartes des deux jeux.

OBSERVATION.

La main ne peut être tenue que d'une des trois manières ſuivantes ; par un ſeul & même Ponteur, pendant pluſieurs Parties convenues par tous les Ponteurs ; par les Ponteurs tour à tour, à chaque cinq tours ; & par les Ponteurs tour à tour, à chaque tour. De ces trois manières, celles de cinq tours eſt la plus agréable, & la ſeule qui convienne à ce Jeu, à cauſe de la multiplicité de ſes effets & de ſes combinaiſons.

Des Fonds de la Banque.

Les Fonds de la Banque peuvent être

fournis de deux manières ; par tous les Ponteurs, ou une partie ; ou féparément par chaque Ponteur qui voudroit tenir la main. Fournis par tous les Ponteurs, ou une partie, feroit ajouter de nouveaux agrémens à ce Jeu, que nous croyons inutile de détailler, puifqu'ils font fi faciles à fentir.

AVANTAGE & défavantage de tenir la Main.

Voulant écarter de l'efprit du Lecteur, tout nuage & tout myftère, nous le prévenons que tout l'avantage de tenir la main fe réduit à avoir fix cartes de plus, fur cinquante-deux, que les Ponteurs, & que fes défavantages font de pouvoir payer fur un feul & même coup à tous les Ponteurs, de pouvoir être Débanqué, quand même il pourroit Banquer, & de payer les points de dix-neuf que produit la réjouiffance. Que l'on péfe avant que de juger la différence qu'il y a entre l'avantage &

les désavantages. Nous croyons devoir dire encore que nous avons fait un peu plus d'avantage au Banquier qu'aux Ponteurs, mais il est si maigre, que plusieurs Banquiers de profession & réunis, sont unanimement convenus que l'Aurore seroit de tous les Jeux celui qu'ils joueroient le moins, comme étant celui qui leur seroit le moins favorable.

D'après ce que l'on vient de voir & ce que l'on éprouvera, il ne sera pas difficile de croire que l'Aurore ne sera jamais le jeu favori de Messieurs Friponots, puisque tous ses effets se font voir, sans qu'il soit possible d'en détourner un seul. Puisse-t-il aider à convaincre ces Messieurs, qu'il ne leur suffit pas de gagner l'argent d'un adversaire, qu'il faut encore gagner son estime, en lui évitant la peine de payer non-seulemens toutes les pertes qui ne seroient pas légitimes; mais même toutes celles qui, quoique légitimes, auroient pour fin la ruine d'un seul individu; à plus forte raifon celle de toute une famille.

Ce font fes pertes fi fréquentes & leurs fuites dans les Jeux mêmes les plus triftes, qui ont fait naître à l'Auteur de l'Aurore, qui n'a jamais été joueur, l'idée d'un Jeu qui fut amufant, qui n'appliquât point, qui intimidât le Joueur téméraire, & qui mît les honnêtes Gens non en garde contre les fripons, puifqu'il ne peut y en avoir dans l'Aurore, mais contr'eux-mêmes.

S'il n'avoit pas entièrement réuffi, il prie fes Lecteurs éclairés de vouloir bien l'aider de leurs confeils, & de lui pardonner ce qu'il auroit mal vu, en faveur de fes intentions.

FIN.

www.ingramcontent.com/pod-product-compliance
Lightning Source LLC
Chambersburg PA
CBHW070538050426
42451CB00013B/3072